AF502434

DE

LA GARANTIE DE LA DOT

EN DROIT ROMAIN

Extrait de la *Nouvelle Revue historique de droit français et étranger*
Novembre-Décembre 1895

DE

LA GARANTIE DE LA DOT

EN DROIT ROMAIN

PAR

M. GÉRARDIN

PROFESSEUR A LA FACULTÉ DE DROIT DE PARIS

PARIS

LIBRAIRIE
DE LA SOCIÉTÉ DU RECUEIL Gal DES LOIS ET DES ARRÊTS
ET DU JOURNAL DU PALAIS

Ancienne Maison L. LAROSE & FORCEL
22, rue Soufflot, 22

L. LAROSE, Directeur de la Librairie

1896

IMPRIMERIE
CONTANT·LAGUERRE

BAR LE DUC

DE

LA GARANTIE DE LA DOT

EN DROIT ROMAIN.

Aux termes de l'article 1440 du Code civil, « la garantie de la dot est due par toute personne qui l'a constituée ». Je voudrais rechercher en droit romain les origines de cette disposition, si équitable dans sa concision. Les textes juridiques latins se réfèrent tous au droit du mari contre le constituant : je n'en connais pas qui, en présence d'une dot émanée d'un autre que de la femme, se préoccupe du droit de celle-ci contre lui, et ce silence s'explique, je crois, par cette circonstance que le droit de la femme sur la dot n'était pas apparu tout d'abord. Si la dot était constituée dans son intérêt, pour lui faciliter son mariage, si c'était elle qui était *dotata*, dans les idées anciennes ce n'était pas elle personnellement qu'on se proposait d'enrichir (1), mais son mari, la famille de celui-ci, et cet enrichissement n'était pas seulement temporaire, il était perpétuel. *Dotis causa perpetua erat.* Gide (2) a merveilleusement démontré que cet enrichissement du mari et cette perpétuité répondaient seuls au but final de la constitution de dot. Aussi le mari seul, ou son *paterfam.*, s'il était encore *in patria pot.*, figurait à l'acte constitutif, au contrat de mariage : la femme n'y était pas partie nécessaire, à ce point que Javolenus (3) nous dit, non toutefois sans quelque hésitation, qu'un homme pouvait se faire promettre une dot, *quamcunque uxorem duxerit.* Si le mari seul jouait un rôle dans l'acte de constitution, si seul il était appelé à être enrichi, seul aussi il devait, quand cet enrichissement n'avait été qu'apparent, pouvoir élever quelque prétention à une indemnité, à un enrichissement plus solide, moins fragile que le précédent.

(1) Comment avait-elle pu être enrichie, quand le mariage se faisait toujours ou presque toujours avec *conventio in manum?*

(2) *Du caractère de la dot en droit romain, Revue de législ. anc. et mod.,* 1872, p. 121. — *Condition privée de la femme,* 2e édit., p. 499.

(3) L. 108, *princ. de verb. oblig.,* XLV, 1.

A un certain moment, il est vrai, en même temps que le mari continuait comme auparavant à acquérir, quand le constituant était *dominus,* la propriété des valeurs dotales, le droit de la femme sur sa dot faisait son apparition, timide d'abord sans doute, puis de plus en plus énergiquement accusé, à ce point qu'on a pu dire que c'était elle qui était devenue le bénéficiaire véritable de la constitution de dot, et au fur et à mesure que les droits de la femme se développaient, ceux du mari perdaient de leur intensité. Ainsi l'action, inventée pour lui faire obtenir, à un certain moment la restitution de sa dot, était appelée *actio rei uxoriæ* (1) : la dot, c'était *res uxoria.* Les jurisconsultes disaient, non seulement de la femme *sui juris,* mais même de celle qui, mariée, était demeurée *in patria potestate; dos mulieris est, dos proprium patrimonium filiæ est, dos mulieri adquisita est,* et de ce droit *sui generis,* difficile à qualifier et à classifier, ils déduisaient de nombreuses conséquences. La femme qui s'était constitué en dot un bien par elle acheté, avait le droit, en cas d'éviction du mari, de se dire évincée elle-même et d'agir *statim* en garantie contre son vendeur (2). Le *paterfam.* de la femme, divorcée ou veuve, ne pouvait intenter l'action *rei uxoriæ* que *adjuncta filiæ persona* (3). Les conventions modificatrices du régime matrimonial, conclues *ex post facto* entre le mari et le constituant, n'étaient opposables à la femme que si elle y avait été partie (4). Quand la femme devenait *sui juris* pendant le mariage ou après sa dissolution, mais avant l'exercice de l'action en restitution, elle prélevait cette action dans la fortune ou la succession de son père (5), ce qui revenait au fond à dire, ou à peu près, que l'action *rei uxoriæ* appartenait à la *filiafamilias* beaucoup plus qu'à son *paterfamilias* (6) (7).

---

(1) Esmein, *La nature originelle de l'action rei uxoriæ, Nouv. revue histor. de droit,* 1893, p. 145.

(2) Tryphon., L. 75, *de jure dot.,* XXIII, 3.

(3) Reg. Ulp., VI, 6.

(4) Pompon., L. 7, *de pact. dotal.,* XXIII, 4.

(5) Paul, L. 8, *de cap. min.,* IV, 5. — Papin., L. 14, *pr. ad. leg. falcid.,* XXXV, 2.

(6) Cpr. Esmein, *loc. cit.,* p. 161.

(7) En revanche, des charges avaient été vis-à-vis de la femme attachées

Mais ce droit de la femme, je le répète, n'était guère de nature à donner, pendant le mariage, ouverture à son profit à un droit à garantie contre le constituant : du moins les textes ne le supposent pas. Cependant, même *durante matrimonio*, le droit de la femme ne pouvait-il pas se produire ? La dot avait été restituée par anticipation, notamment parce qu'elle était en péril chez le mari. On avait admis d'assez bonne heure qu'en pareil cas la femme n'aurait plus besoin de répudier son mari pour obtenir la restitution de sa dot. Si, après cette restitution la femme était évincée, ne devait-elle pas avoir, dans les mêmes circonstances que le mari, et comme cessionnaire de celui-ci, les actions en indemnité? De même encore, si l'éviction ne se produisait qu'après la dissolution du mariage et la restitution de la dot, la femme ne devait-elle pas avoir les mêmes droits qu'aurait eus son mari, sinon de son chef et en son nom personnel, mais du chef de son mari, comme cessionnaire, au moins supposée, de celui-ci? Mais sur ces aspects du problème, les textes, à ma connaissance, font défaut. Je ne m'occuperai donc que du mari, et à son propos, je vais, avec les Romains, me placer en présence d'une constitution en dot de choses corporelles, et suivant leur méthode habituelle, envisager successivement les deux modes les plus usuels de constitution, la *datio* et la *promissio* (1). Le droit romain séparait nettement ces deux classes d'actes juridiques : à chacune d'elles il avait affecté des procédés distincts : à la production du droit réel, notamment au transfert conventionnel de la propriété, il avait approprié des instruments différents de ceux qui servaient à engendrer des droits de créance; il était naturel que ce contraste se retrouvât dans la matière de là dot.

I. *Datio dotis.*

Le constituant, ordinairement le père de la femme, avait procédé avec le mari à l'un des trois actes conventionnels de transfert de la propriété, à une mancipation, à une *in jure*

à ce droit *sui generis :* les deux principales étaient l'obligation pour elle de *conferre dotem,* et celle de l'imputer sur sa légitime.

(1) Sous l'expression *promissio,* je comprends la *dictio* et la convention de dot, le pacte légitime des interprètes, depuis Théodose.

cessio ou à une tradition : mais cet acte avait manqué son effet, parce que la *res data* n'appartenait pas au constituant, parce que c'était un homme libre au lieu d'un esclave, parce qu'elle était engagée ou hypothéquée. Le mari évincé n'avait pas, de droit, de recours en garantie contre l'aliénateur : l'acheteur lui-même n'en avait pas dans le sens que nous attachons aujourd'hui à cette expression. Cet acheteur, à la condition qu'il eût acquis par le procédé de la mancipation, qu'il y eût eu tradition et paiement du prix, était, quand son vendeur n'avait pas pu lui éviter l'éviction, armé d'une action au double du prix de vente, l'*actio auctoritatis*. Si, comme on l'a cru longtemps, cette action avait sa source dans une *nuncupatio*, adjointe *in continenti* à la mancipation, elle exigeait une convention : elle était la sanction d'un droit que l'acheteur se procurait, que la loi ne lui donnait pas. Si, comme cela a été victorieusement démontré par notre collègue M. Girard (1), l'*actio auctoritatis* était une action pénale, naissant du fait de l'éviction, sans doute elle n'exigeait pas de convention, mais elle n'était pas une action en indemnité, une action *rei persecutoria*. C'est ainsi, sous la forme d'une action pénale, que faisait son apparition la notion de garantie. N'est-ce pas ainsi qu'ont commencé beaucoup d'actions, l'action de dépôt, de tutelle, l'action en restitution de la dot elle-même (2).

L'une des conditions de l'*actio auctoritatis*, l'un des éléments constitutifs de ce délit étant le paiement d'un prix réel et non fictif, il en résultait que l'action ne prenait pas naissance quand la mancipation était consentie *uno nummo*, servait à réaliser une constitution de dot, ou était intervenue *donationis causa*, non pas que les juristes eussent, de propos délibéré, rapproché la *causa dotis* de la *causa donationis*, conclu de l'une à l'autre, mais parce que l'*actio auctoritatis*, la seule possible à ce moment, à la suite d'une éviction, n'était pas recevable faute de prix dans l'aliénation.

En raison, le résultat était satisfaisant en présence d'une donation : il l'était moins dans la dot. Le mari qui n'avait pas songé à se faire promettre une indemnité, pouvait être tenté

(1) *Études histor. sur la format. du syst. de la garantie d'éviction. Nouv. Revue histor. de droit*, 1882, 1883 et 1884.

(2) Esmein, *opere citato*.

de répudier sa femme, et dans les idées romaines il y était fondé jusqu'à un certain point : il n'avait plus de quoi subvenir aux charges du mariage, et il avait compté sur les revenus de la dot pour les supporter.

Une seconde raison, commune aux trois actes de transfert, qui s'opposait à ce que le mari, évincé à la suite d'une *datio*, n'eût pas légalement de recours en garantie, se trouve dans un caractère des actes juridiques romains, qui a été mis en lumière par Ihering. Ces actes, plus ou moins compliqués quant à leurs formes, à leurs conditions extrinsèques étaient simples dans leurs effets. Alors qu'aujourd'hui nos actes juridiques, informes pour la plupart, sont aptes à entraîner simultanément un transfert de propriété et un rapport d'obligation, les Romains n'avaient pas admis que le même acte pût faire coup double, déplacer la propriété et engendrer un droit de créance. Le mari, au profit duquel avait été consenti un acte de transfert, n'était pas devenu et n'avait pas pu devenir créancier pour le cas où il serait évincé.

Le mari, qui voulait avoir un droit et une action, devait donc les faire naître, les obtenir du constituant, et il se les procurait d'abord au moyen d'une stipulation, ainsi que le supposent les Emp. S.-Sévère et Ant. Caracalla dans la *Const. I de jure dotium*, V, 12. « *Evicta re, quæ fuerat in dotem data, si pollicitatio* (1) *vel promissio fuerit interposita, gener contra socerum vel mulierem seu heredes eorum condictione* (2) *vel ex stipulatione agere potest* ». En présence d'une *datio dotis*, (*in dotem data*) le mari prévoyant s'était, par *dictio* ou *stipulatio*, fait promettre, *si res evicta fuerit,* une indemnité ou une peine de .... je crois que tel était l'objet de cette promesse, et non pas la chose elle-même, comme on le pense généralement (3) : il est peu vraisemblable que le mari, en même temps qu'il se faisait consentir une mancipation ou une tradition, se fît pro-

----

(1) *Pollicitatio* a été substitué à *dictio* par les compilateurs. La *dotis dictio* était tombée en désuétude à la suite de la réforme de Théodose II.

(2) Il devait y avoir dans le texte original : *ex dictione vel ex stipulatione,* les deux causes possibles de la créance, et non pas l'indication de l'action et de la stipulation, l'effet et la cause.

(3) Labbé, *de la Garantie, Revue prat.*, 1865, nº 107 ; Pellat, *Textes sur la dot,* p. 155.

mettre la chose : plus probablement il s'était fait promettre la garantie sous une forme ou sous une autre : cela ne sortait pas du domaine de la *dictio* : c'était encore, sous condition, une constitution de dot (1).

Un second moyen ouvert au mari pour avoir droit à garantie consistait, à dater du jour où l'*actio ex emto* avait été créée, à procéder d'un commun accord à l'*æstimatio dotis*. *C. 1 cit.* « *Sin autem nulla pollicitatio vel promissio intercesserit, post evictionem ejus, si quidem res æstimata fuerit, ex emto competit actio* ». Cette estimation, qui paraît avoir été assez usuelle (2) valait vente de droit commun, et par conséquent emportait au profit du mari l'*actio ex emto*, sous les mêmes conditions et avec la même étendue qu'au profit d'un acheteur véritable : mais encore, pour que le mari fût ainsi armé, il fallait qu'il y songeât, et que le constituant voulût bien s'y prêter.

Enfin, toujours en y pensant et en obtenant l'assentiment du constituant, le mari pouvait se ménager un recours, en faisant par stipulation promettre à celui-ci le double de l'estimation : quelques textes le prévoient (3) mais, à la différence de l'acheteur qui avait souvent le droit d'exiger cette promesse de son vendeur, le mari qui n'était acheteur que par fiction, à certains égards seulement, ne pouvait devenir créancier du double que du libre consentement du constituant.

En dehors de ces circonstances, il restait au mari évincé à la suite d'une *datio*, une dernière ressource, celle-ci légale, mais qui n'était pas encore la garantie. En démontrant que le constituant avait agi *dolo malo*, il pouvait se dire créancier *quasi ex delicto*, et diriger contre lui l'*actio de dolo*. *C. 1 inf. cit.* « *Sin vero hoc non est factum (id est neque promissio neque æstimatio) si quidem bona fide eadem res in dotem data est, nulla marito competit actio. Dolo autem dantis interposito, de dolo actio adversus eum locum habebit, nisi a muliere dolus interpositus sit; tunc enim, ne famosa actio adversus eam detur, in factum actio competit* ». Ce dernier moyen n'est pas antérieur à Cicéron : il est probable même qu'il lui est quelque peu

______

(1) Dernburg, *Pandekten*, t. III⁴, § 16, note 16.
(2) Esmein, *op. cit.*, p. 170.
(3) L. 16 et 52, D., *de jure dot*, XXIII, 3.

postérieur. Aquilius Gallus, en construisant la *formula de dolo*, devait avoir en vue la répression des manœuvres frauduleuses pratiquées pour induire quelqu'un en erreur et lui préjudicier, et puis la pratique, s'emparant des termes fort larges de l'Édit « *quæ dolo malo facta esse dicentur* (1) », avait utilisé, en en étendant le domaine d'application, l'*actio* de *dolo* pour combler des lacunes et ouvrir une action là où il n'en existait pas encore. Ainsi avait-elle fait dans nombre de cas (2), donnant une action pénale là où plus tard il devait y avoir une action réipersécutoire.

Cette action de dol, accordée au mari, n'était pas encore une action en garantie, en ce qu'elle était temporaire, incomplètement transmissible contre les héritiers du constituant; mais elle s'en rapprochait déjà, en ce que : 1° elle n'exigeait pas, je le crois, de fait positif, comme l'exige en général un délit ou un quasi-délit : le simple fait de réticence, de dissimulation suffisait pour qu'il y eût dol (3); 2° en ce que la satisfaction à procurer au mari sur le *jussum judicis*, devait équivaloir à tout l'intérêt qu'avait le mari à ne pas être évincé : la formule très large de l'action *de dolo* « *quanti ea res erit* (4) » nous autorise à donner cette décision équitable (5).

La *culpa lata* du constituant devait-elle le rendre responsable comme son dol (6)? Le dol se commettant au moment de la constitution de dot, ne faudrait-il pas déclarer le mari recevable à agir *hic et nunc*, même avant d'être inquiété, par cela seul qu'il était inquiet?

II. *Promissio dotis.*

Au lieu de transmettre immédiatement la propriété des choses dont il voulait doter la femme, le constituant avait contracté, dans les formes requises, l'obligation de les *dare*, et puis il avait

(1) Ulp., L. 1, § 1, D., *de dolo malo*, IV, 3.
(2) V. notam., D. L. 18, § 5, *de dolo*. — L. 5, § 2 et 3, *De prescr. verb.*, XIX, 5.
(3) Arg. de la L. 69, 7, *de jure dot.*
(4) Lenel, *Édict. perpét.*, § 40, p. 93.
(5) *Contrà :* Labbé, *op. cit.*, n° 90, pour la donation, et implicitement pour la constitution de dot, que l'auteur assimile à tort à la donation.
(6) Affirm. Dernburg, *Pand.*, t. II⁴, § 107.

payé sa dette avec des choses dont le mari avait été évincé. Ici encore il y avait eu un temps, où ce mari n'avait de droit et d'action qu'autant qu'il se les était procurés : mais ici encore comme sur la *datio*, ce défaut de droit ne tenait pas à ce qu'on se trouvait sur le terrain de la dot : il découlait des principes généraux du vieux droit romain ; d'abord de la règle : « *quum verbis aliquid contraximus, verbis obligatio solvi debet* (1) » : une obligation contractée *verbis* n'était pas éteinte par le paiement tout seul : il fallait qu'il intervînt en outre entre le créancier et le débiteur une formalité en sens contraire, une *acceptilatio*, que le créancier donnât à son débiteur en bonne et due forme une quittance, requise *ad solemnitatem, non ad probationem tantum* (2). Or, l'*acceptilatio* était comme la stipulation indépendante de sa cause naturelle : d'elle il était vrai de dire ce que Gide disait de la stipulation (3) : la cause naturelle de l'*acceptilatio*, le pourquoi le créancier avait consenti à abandonner sa créance, c'était l'acquisition de propriété qu'il croyait avoir réalisée par le paiement. Le transfert n'avait pas eu lieu : l'*acceptilatio* n'en avait pas moins produit son effet : le créancier, quoique évincé, avait perdu son action. Impossible pour lui de subordonner l'*acceptilatio, actus legitimus* à la condition : *si res evicta non fuerit,* ou de mettre la condition à côté et en dehors de la formalité : car la règle : *expressa nocent, expressa non nocent* n'était pas encore reçue. Le créancier n'avait donc d'autre moyen, avant de consentir l'*acceptilatio*, que de faire prendre *verbis* à son débiteur un nouvel engagement, d'exiger de lui une *cautio de evictione* en prévision d'une éviction possible. Le paiement était devenu un mode général d'extinction des obligations, et comme il était un acte naturel, il avait besoin, pour être valable, d'une cause naturelle : il ne produisait son effet extinctif que quand le créancier avait été rendu propriétaire. Et cependant, tant est tenace la tradition, à côté de son action primitive que le paiement, suivi d'éviction, n'avait pu anéantir, la jurisprudence lui avait maintenu son droit d'autrefois, le droit d'exiger de son débiteur la *cautio de evictione* : pour effectuer un paiement

(1) Pompon., L. 80, *De solut.,* XLVI, 3.
(2) Accarias, II, n° 700. — Cuq, *Inst. jurid.,* p. 384.
(3) *Novation,* p. 72.

complet, libératoire, le débiteur devait : 1° faire le nécessaire pour transférer la propriété ; 2° s'obliger *verbis, si res evicta fuerit*. Voilà ce que nous apprend le jurisconsulte Scévola (1).

Toutefois à ce droit de l'époque classique, le texte apporte un tempérament : quand le créancier était un donataire, le donateur débiteur n'était tenu qu'à manciper ou livrer l'objet promis : il ne devait pas de *cautio* (2). S'il ne devait pas de *cautio*, il n'était pas tenu non plus à un second paiement. Le premier qu'il avait fait était libératoire, bien que le donataire eût été évincé, à moins cependant qu'il ne fût débiteur d'une chose, *in genere*, ou que débiteur d'un corps certain, il n'eût promis sciemment la chose d'autrui, auquel cas il était passible de l'action *de dolo* (3).

Si revenant à la promesse de dot, nous cherchons à lui faire l'application de ces principes, nous dirons d'abord qu'il y avait eu une époque reculée où le mari créancier et évincé de la chose payée, n'avait, comme tout créancier à titre onéreux ou gratuit, droit d'action contre le constituant qu'autant qu'il s'était fait consentir une promesse *de evictione*. Mais depuis la consécration légale du paiement comme acte juridique, le mari était-il traité comme un créancier ordinaire, ou n'avait-il que les droits d'un donataire? Créancier d'un corps certain vis-à-vis d'un constituant de bonne foi, avait-il ou non, au moment du paiement à lui offert, le droit d'exiger une *cautio de evictione?* et s'il était évincé, conservait-il ou non son ancienne action, et avait-il le choix entre elle et l'action issue de la *cautio?*

A cette double question notre regretté collègue Labbé (4)

<hr>

(1) L. 131, § 1, *De verb. oblig.*, XLV, 1.

(2) Le jurisconsulte suppose le paiement fait à un *adjectus sol. causa :* mais peu importe. Ou cet *adjectus* était le mandataire du créancier : c'était pour celui-ci qu'il avait touché, et le stipulant avait encore intérêt et droit à exiger du débiteur la *cautio*, puisque c'était à lui que le fonds dû devait en définitive revenir. Ou l'*adjectus* était le donataire du stipulant : ce qui n'était pas impossible, le stipulant étant libre, d'accord avec l'*adjectus,* de faire de lui ce que bon lui semblait : et alors le stipulant, une fois le paiement fait à l'*adjectus,* n'avait plus le droit d'exiger la *cautio* de son débiteur : il ne devait rien à l'*adjectus*, son donataire : il n'avait rien à exiger de son débiteur. Cpr. Labbé, *Rev. prat.*, t. XIX, n° 66 et s.; t. XX, n° 97 et 98.

(3) Labbé, *Rev. prat.*, t. XX, n°s 81 et s.

(4) *Rev. prat.*, t. XX, n°s 107 et s.

répond qu'au point de vue de la garantie, la constitution de dot suivait les règles des actes à titre gratuit, et que sauf le cas de la promesse d'une chose *in genere*, et celui de la promesse d'un corps certain faite de mauvaise foi, le mari évincé de la chose à lui payée n'avait pas d'action contre le constituant, et qu'il n'avait pas droit à la *cautio de evictione* (1). L'argument principal à l'appui de cette opinion se déduit de la *C. I, De jure dot.*, déjà citée à propos de la *datio dotis*. La première phrase, dit-on, visait une *promissio rei in genere*, et voilà pourquoi le mari évincé avait gardé son action originaire : mais « le mari n'a aucun recours quand la dot consiste dans un corps certain, donné ou promis et dont le constituant s'est cru propriétaire. Dans de telles circonstances rien ne vient modifier l'application du principe propre aux actes à titre gratuit ».

Nous ne croyons pas que telle ait été la doctrine des jurisconsultes romains, et nous pensons que le mari, payé et évincé même d'un corps certain, avait gardé sa créance primitive contre le constituant, et qu'il avait en outre le droit d'exiger de lui la *cautio de evictione*. Nous avons déjà émis l'opinion que la *stipulatio* ou la *dictio* (*pollicitatio*) de la C. 1, était une promesse de garantie, une *cautio de evictione*, et non pas une promesse de la chose elle-même, que notre C. 1 ne s'occupait que de la *datio dotis*. Mais, même en admettant l'interprétation de notre collègue, est-il vraisemblable que le texte, parlant à deux reprises de *res in dotem data*, de *res æstimata*, eût en vue la promesse d'une chose *in genere*, promesse assurément ici plus théorique que pratique? N'est-il pas beaucoup plus probable, si effectivement il visait une *promissio rei*, qu'il supposait une *promissio rei certæ*, et qu'alors, en présence d'une éviction, il accordait au mari l'action du contrat?

Un autre texte, celui-ci à l'abri de toute contestation sur le cas prévu, vient corroborer cette manière de voir. Le jurisconsulte Paul (2) suppose qu'un père, après avoir consenti à l'un de ses créanciers une hypothèque générale, avait, pour sûreté de la dot promise à son gendre (*pro filia sua dotem promittendo*)

_____

(1) V. égal. Dernburg, *Pand.*, t. III, § 16, note 16.

(2) L. 98, *Princ. de solut.*, XLVI, 3.

hypothéqué à celui-ci certains de ses biens, et finalement donné en paiement à ce gendre les biens à lui hypothéqués. Le premier créancier à hypothèque générale avait intenté l'action hypothécaire, et évincé le mari. Le jurisconsulte nous dit que le mari pouvait agir *ex dotis promissione :* n'est-ce pas que la *datio in solutum* assimilée ici au paiement, n'avait produit aucun effet, que le mari était réputé n'avoir pas été payé, et comme un créancier ordinaire avait droit à un second paiement?

Incidemment encore nous trouvons la même décision donnée par Ulpien à deux reprises (1) et par Justinien (2). Notre collègue est obligé de reconnaître que ces textes sont, dans sa doctrine, d'une rédaction équivoque et embrouillée, et qu'ils doivent se référer à des hypothèses spéciales : ce que rien ne paraît indiquer.

Le mari, créancier d'un corps certain ou de choses *in genere,* avait donc droit à la *cautio de evictione,* et quand il était évincé de la chose payée, il avait à son choix l'action de cette *cautio* ou son ancienne action (3). En distinguant ainsi la promesse de dot de la promesse de donation, nous demeurons fidèles au langage et à la pensée des jurisconsultes romains. Ils ont, toutes les fois que l'occasion leur en a été offerte, séparé la *causa dotis* de la *causa donationis* (4). En outre, ils ont dans maintes circonstances sinon assimilé le mari à un acquéreur à titre onéreux, au moins ils l'en ont rapproché, et ils lui en ont conféré des avantages qu'ils refusaient aux donataires. Ainsi délégataire *dotis causa* d'une valeur déterminée, il ne courait pas le risque, en présence d'un délégué armé d'une exception contre le déléguant, de se voir, comme un donataire, opposer l'exception de dol par ce délégué (5). Quand il recevait en dot la chose d'autrui, il n'avait besoin, pour l'usucaper, d'être de bonne foi que *initio possessionis,* alors que certains juriscon-

(1) L. 23, *De evict.,* XXXI, 2; L. 34, *De jure dot.,* XXIII, 3.

(2) *C. un.,* § 1, *De rei ux. act.,* V, 13.

(3) En ce sens : Accarias, I, n° 313; Bechmann, *Das röm. Dotalrecht,* II, p. 229; Czyhlarz, *Das röm. Dotalrecht,* p. 209; Windscheid, *Pand.* II⁷, § 495, n° 2.

(4) Gaius, IV, 151; Dig., liv. XLI, dit vi; *Pro donato,* tit. ix, *Pro dote.* Inst. II, § 41; Ulp., L. 1, § 6; *Quando de pecul.,* XV, 2; Marcian, L. 8, § 13; *Quib. mod. pign.,* XX, 6.

(5) Paul, L. 9, § 1, *De cond. causa data,* XII, 4.

sultes avaient exigé pour le donataire la persistance de la bonne foi pendant tout le cours du délai (1). Gratifié *donationis aut legati causa* d'une chose à lui promise en dot, il ne pouvait se voir opposer par son débiteur la règle : *duæ lucrativæ causæ* (2). Créancier *dotis causa* d'un autre que de son beau-père ou de sa femme, il ne pouvait pas se voir opposer le bénéfice de compétence (3). Les créanciers du constituant ne pouvaient faire révoquer la constitution de dot qu'en prouvant la fraude du mari (4).

Enfin contrairement à la décision, en apparence générale, de la *C. I, De inoff. dot.*, III, 30, Choppin (5) écrivait, peut-être un peu témérairement, que la réduction de la dot inofficieuse ne pouvait pas être poursuivie contre le mari pendant le mariage « qu'il aurait été jugé par la Cour souveraine de Naples que le mari n'était point tenu de rendre partie de la dot promise comme étant trop excessive, d'autant qu'il n'eût pas autrement contracté mariage s'il n'eût trouvé une fille de bonne maison et pareille en biens à lui ».

En admettant, comme nous le proposons, que le mari, créancier de la dot et évincé de la chose payée, avait un droit de recours contre le constituant débiteur, le problème de la garantie légale de la dot avait fait déjà un grand pas en droit romain.

L'action de dol accordée à la suite d'une *datio dotis* réalisée *mala fide*, lui en avait fait faire un second. Restait le cas du mari évincé à la suite d'une *datio dotis* consentie *bona fide*. Ici encore on peut prétendre, on a prétendu qu'à partir d'une certaine époque la situation n'était pas demeurée sans protection. D'abord, depuis la loi *Julia de maritandis ordinibus*, qui avait érigé en un devoir juridique pour le *paterfamilias* le devoir jusque-là moral de doter sa fille, ne peut-on pas soutenir que, quand le mari était évincé, sinon lui, au moins sa femme avait le droit de dire qu'elle n'avait pas été réellement dotée, et que

---

(1) Ulp., L. I, *Princ. pro dote*, XLI, 9.
(2) Julien, L. 19, *De obligat. et act.*, XIV, 7.
(3) Labéon, L. 84, *De jure dot.*, XXXIII, 3.
(4) Vénul., L. 25, § 1, *Quæ in fraud.*, XLII, 8. *Adde* dans le même sens, Pompon., L. 47; *Princ. mand.*, XVII, 1.
(5) *Comment. de la Cout. de Paris*, liv. II, tit. 1, n° 34.

son père était obligé de la doter à nouveau (1)? Le mari, en menaçant sa femme de la répudier, pouvait se faire céder ce droit que la femme n'aurait pas voulu exercer elle-même. Enfin on a soutenu également (2) que depuis la Constitution de Théodose II qui avait déclaré obligatoire, sans stipulation ni *dictio*, le pacte de dot, la tradition de la chose par le constituant au mari, en même temps qu'elle était un acte translatif de propriété, impliquait un pacte ou une promesse tacite, et emportait au profit du mari qui était évincé, le droit d'intenter la *condictio ex lege* pour obtenir un nouveau paiement. Si cette conjecture un peu hardie, est tenue pour exacte, la *Const. I*, *De jure dot.*, serait, dans le dernier état du droit romain une inadvertance des compilateurs : vraie pour l'époque où elle avait été portée, elle aurait cessé, depuis l'année 428, d'être l'expression fidèle de la législation romaine et il serait vrai de dire à dater de ce moment que la garantie de la dot est due par toute personne qui l'a constituée.

---

(1) Arndts, *Pand.*, § 403, ann. 2. *Contrà*, Czilharz, *op. cit.*, p. 210.
(2) Windscheid, *Pand.* II⁷, § 495, note 5.